中等职业

精品教材

国学经典诵读

主　编　刘翠梅

副主编　黄国珍　曾灵玲　刘爱华　李彤晖

中国人民大学出版社

·北京·

图书在版编目（CIP）数据

国学经典诵读 / 刘翠梅主编 .-- 北京：中国人民大学出版社，2022.3
中等职业教育精品教材
ISBN 978-7-300-30356-7

Ⅰ.①国… Ⅱ.①刘… Ⅲ.①中华文化－中等专业学校－教材 Ⅳ.① G634.301

中国版本图书馆 CIP 数据核字（2022）第 033598 号

中等职业教育精品教材
国学经典诵读
主　编　刘翠梅
副主编　黄国珍　曾灵玲　刘爱华　李彤晖
Guoxue Jingdian Songdu

出版发行	中国人民大学出版社		
社　　址	北京中关村大街31号	邮政编码	100080
电　　话	010-62511242（总编室）	010-62511770（质管部）	
	010-82501766（邮购部）	010-62514148（门市部）	
	010-62515195（发行公司）	010-62515275（盗版举报）	
网　　址	http//www.crup.com.cn		
经　　销	新华书店		
印　　刷	北京瑞禾彩色印刷有限公司		
规　　格	145 mm×210 mm 32 开本	版　　次	2022 年 3 月第 1 版
印　　张	2.25	印　　次	2022 年 3 月第 1 次印刷
字　　数	34 000	定　　价	28.00元

前　言

国学是研究中华民族传统精神及其载体的学问，是对中华民族在社会文明进程中形成的、具有永恒意义和普遍价值的思想体系及文化观念的总结。学习国学是提高自身素养的重要途径，它能启迪思想，开阔文化视野；学习国学，了解中华优秀传统文化，可以丰富知识，陶冶情操，提高文化素养，懂得做人的道理；学习国学，可以让国学经典中的智慧引领自己的人生。

国学经典中蕴藏着中国五千年的智慧精髓，诵读国学经典不仅可以学习中国悠久的传统文化，也是每一个中国人的立身处世之本。中国优秀的古典经文意存高远，通过诵读，学生们可以培养古典文化底蕴和优雅情怀。有教育家指出，经常诵读经典的孩子，会养成孝顺父母，懂礼貌、知礼仪、有教养的良好习惯。

清代散文家刘大櫆在《论文偶记》中说:“积字成句，积句成章，积章成篇，合而读之，音节见矣，歌而咏之，神气出矣。”诵读就是朗读和背诵。通过诵读，抓住文字所表述的真实信息（知、情、意），进而捕捉到言外之意、弦外之音，甚至达到“得意者越于浮言，悟理者超于文字”的最高境界。

当下，我们认为，开展国学教育应立足于将国学的精髓与学生的人格教育密切结合，通过经典教化和修身实践将传统文化的精华落实到学生日常的行为举止当中，从而引发学生对国学的兴趣，最终令他们受益。

本书的出版得到了中国人民大学出版社领导和编辑的大力帮助。在此，我们向有关专家学者、编写团队和出版者致以衷心的感谢！由于编者水平有限，书中不当和疏漏之处在所难免，恳请读者批评指正！

编者

目　录

家国情怀

孝悌忠信

修身处世

家国情怀

一 大学（节选）

大学之道，在明明德，在亲民，在止于至善。知止而后有定，定而后能静，静而后能安，安而后能虑，虑而后能得。物有本末，事有终始。知所先后，则近道矣。

古之欲明明德于天下者，先治其国；欲治其国者，先齐其家；欲齐其家者，先修其身；欲修其身者，先正其心；欲正其心者，先诚其意；欲诚其意者，先致其知；致知在格物。

物格而后知至，知至而后意诚，意诚而后心正，心正而后身修，身修而后家齐，家齐而后国治，国治而后天下平。

自天子以至于庶人，壹是皆以修身为本。其本乱，而末治者否矣。其所厚者薄，而其所薄者厚，未之有也。

二　满江红[1]

怒发冲冠[2]，凭阑[3]处、潇潇[4]雨歇。抬望眼，仰天长啸[5]，壮怀[6]激烈。三十功名尘与土[7]，八千里路云和月[8]。莫等闲[9]、白了少年头，空悲切[10]。

靖康耻[11]，犹未雪。臣子恨，何时灭。驾长车，踏破贺兰山[12]缺。壮志饥餐胡虏[13]肉，笑谈渴饮匈奴[14]血。待从头、收拾旧山河，朝天阙[15]。

注释

[1] 满江红：词牌名，又名“上江虹”“念良游”“伤春曲”等。双调九十三字。

[2] 怒发（fà）冲冠：气得头发竖起，以至于将帽子顶起，形容愤怒至极。

[3] 凭阑：身倚栏杆。阑，同“栏”。

[4] 潇潇：形容雨势急骤。

[5] 长啸：大声呼叫。啸，蹙口发出的叫声。

[6] 壮怀：奋发图强的志向。

[7]“三十”句：谓自己年已三十，得到的功名如同尘土一样微不足道。三十，是约数。功名，或指岳飞攻克襄阳六郡以后建节晋升之事。

[8]“八千”句：形容南征北战，路途遥远，披星戴月。八千，是约数，极言沙场征战行程之远。

[9] 等闲：轻易，随便。

[10] 空悲切：即白白地痛苦。

[11] 靖康耻：宋钦宗靖康二年（公元1127年），金兵攻陷汴京，虏走徽、钦二帝。靖康，宋钦宗赵桓的年号。

[12] 贺兰山：贺兰山脉，位于宁夏回族自治区与

内蒙古自治区交界处，当时被金兵占领。一说是位于河北省邯郸市磁县境内的贺兰山。

[13] 胡虏：对女真贵族入侵者的蔑称。

[14] 匈奴：古代北方民族之一，这里指金入侵者。

[15] 朝天阙：朝见皇帝。天阙，本指宫殿前的楼观，此指皇帝居住的地方。明代王熙书《满江红》词碑作“朝金阙”。

岳飞，南宋抗金将领。字鹏举，相州汤阴（今属河南）人。官至枢密副使，封武昌郡开国公。以不附和议，被秦桧所陷，被害于大理寺狱。孝宗时追谥武穆，宁宗时追封鄂王，理宗时改谥忠武。

译文

我怒发冲冠登高倚栏杆，一场潇潇细雨刚刚停歇。抬头放眼四望辽阔一片，仰天长声啸叹。壮怀激烈，三十年勋业如今成尘土，征战千里只有浮云明月。莫虚度年华白了少年头，只有独自悔恨悲悲切切。

靖康年的奇耻尚未洗雪，臣子愤恨何时才能泯灭。我只想驾驭着一辆辆战车踏破贺兰山敌人营垒。壮志同仇饿吃敌军的肉，笑谈蔑敌渴饮敌军的血。我要从头彻底地收复旧日河山，再回京阙向皇帝报捷。

三　小故事

苏武牧羊

汉武帝元狩二年（公元前121年），大将霍去病打败匈奴，使得匈奴元气大伤，好些年不敢再出兵。有时候，匈奴派使者到汉朝访问，表面上做出想跟汉朝和好的样子，其实是来探听消息。为了表示友好，汉朝也派使者回访，送去一些中原的土特产。可是匈奴单于不讲信用，经常扣留汉朝派去的使者。汉朝为了报复，也扣留匈奴来的使者。这样，日子一久，双方互相扣留的使者就多起来了。

天汉元年（公元前100年），匈奴且鞮（dī）侯单于新立，他怕汉朝出兵进攻，便派使者到汉朝来求和，并且把以前扣留的汉朝使者全都送了回来。

汉武帝觉得这个新即位的单于比较懂道理，决定好好报答他的善意，就派中郎将苏武为正使，副中郎将张胜为副使，带着助手常惠和一百多名士兵，还带了许多金银绸缎等礼物，护送以前扣留下来的全部匈奴使者回匈奴。

苏武接受任务以后，拿着汉武帝亲手交给他的使节，出发到匈奴。使节是一根七八尺长的棍棒，顶部略弯，挂着一串串毛做的绒球，用来表示使者的身份。苏武到了匈奴，把带去的匈奴使者当面交还给了单于，并且送上礼物。哪知道匈奴单于反复无常，他看到汉朝给他送去那么多礼物，不但不感谢，反而为难使者。苏武为了维护双方的和好，尽量耐着性子跟单于打交道，准备完成任务之后迅速返回汉朝。

正当苏武准备回来的时候，突然发生了一件令人不愉快的意外事件。原来，早在苏武去匈奴以前，有个叫卫律的汉朝使者投降了匈奴，并且死心塌地地为单于出谋划策。卫律有个叫虞常的部下，是个忠于汉朝的血性汉子，他出于义愤，一心想找机会出掉卫律。苏武出使匈奴，虞常高兴极了，他本来就认识苏武的副使张胜，便偷偷地和张胜商量："听说汉朝皇帝很痛恨奸贼卫律，我决定暗地里除掉他。我的母亲和弟弟都在汉朝，万一我有什么不幸，希望皇上能够好好照顾他们。”张胜赞成虞常的计谋，并且拿出钱财和货物支持虞常。可是，由于虞常办事不够仔细，计谋泄露了，他被单于逮捕，交给卫律去审问。

张胜害怕虞常的事情牵连自己，才把虞常跟他商量的经过告诉苏武。苏武说：“事情到了这般地步你才告诉我，看起来我也要受牵连了。我是汉朝的使者，如果我到匈奴的公堂上受审，就等于我们汉朝受了侮辱，太丢脸了！还不如趁早自杀的好。”说着，他拔出刀来就要往脖子上抹。张胜、常惠赶快跑过去制止，把刀夺了下来。

卫律审问虞常，用尽了各种残酷的刑罚。虞常经受不住酷刑，终于“牵连”上了张胜。因为张胜是苏武的副使，单于命令卫律去叫苏武来受审。苏武对常惠等人说：“我这次出使匈奴，是为了汉朝与匈奴的和好。如今我出庭去受审，使汉朝受到了侮辱，我虽然活着，但又有什么脸面回到汉朝去呢？”说着，拔出佩刀向自己身上砍去。卫律急忙把他抱住，夺下刀来，可是苏武已经受了重伤，血流如注，晕过去了。卫律赶快找来医生，包扎抢救，过了很久苏武才慢慢地苏醒过来。常惠哭着把苏武抬回营房，张胜却被单于抓去关在监牢里了。

因为苏武很有骨气，视死如归，单于也暗暗佩服，他希望苏武能够投降，像卫律一样替他效力。他早晚派人来问候，想要软化苏武，劝苏武投降。

苏武恢复健康以后，单于命令卫律提审虞常和张胜，叫苏武去旁听。在审问的过程中，卫律当场把虞常杀死。接着，他举起宝剑威胁张胜说："你身为汉朝副使，居然参与谋杀匈奴大臣的阴谋，也应当把你杀了。但你要是肯投降，就可以免你一死！"张胜害怕了，就跪下请求投降。卫律又对苏武说："副使有罪，你应当跟他连坐。"苏武从容地回答道："我不知道他们的密谋，跟他们又没有亲属关系，凭什么叫我连坐！"卫律说："你也赶快投降，否则把你杀了！"说着，举起宝剑向苏武砍来。苏武面不改色地迎上去说："你若有胆量杀堂堂汉使，你就杀吧！"卫律看苏武那样镇定，知道用武力吓不倒他，就收起宝剑，对苏武说："苏先生，我劝你还是投降吧！你看我投降匈奴以后，单于很重用我，封我为王，如今我手下有好几万人，牛羊满山，享尽了荣华富贵。你今天投降，明天就会跟我一样。否则，你将白白地死在匈奴，葬身于荒原乱草之中。天高皇帝远，又有谁能够知道你的一片忠心呢？”

苏武对于卫律的话根本不予理睬。卫律接着说：“你如果听我的话，投降匈奴，我就跟你结为兄弟。今天你不听我的话，以后再想见我，那就难上加难啦。”苏武听卫律说要跟他结为兄弟，觉得自己受了莫大的侮辱，指着卫律的鼻子大骂道：“你身为汉朝使臣，却投降匈奴，真是忘恩负义，厚颜无耻！像你这样的人，我真不想见。你仗着匈奴单于信任你，随便杀人，还想挑拨汉朝和匈奴打仗，真是罪大恶极！你今天杀了我，将来总有一天有人来荡平匈奴，杀死你这个奸贼！”

卫律用尽了威胁利诱手段，都不能使苏武投降，就只好去回报单于。单于听说苏武这样坚定，更加希望苏武投降。他下令把苏武放在一个大地窖里，不给饮食，想用饥饿来迫使苏武投降。匈奴所在地区的气候十分寒冷，天空经常飘着鹅毛大雪，西北风整天呼呼地吼叫。但是，意志坚强的苏武丝毫不动摇，他蜷卧在地窖里，渴了就吃雪，饿了就嚼毡毛，过了好些天也没有死。

对于苏武这样的硬汉子，匈奴单于实在奈何不了他，就只好下令把苏武送到北海边上（今西伯利亚贝加尔湖一带）去牧羊。单于对苏武说："等公羊生了小羊，就送你回汉朝去！"公羊怎么能生小羊呢？单于的用意十分明白，他是决意不放苏武回汉朝了。

北海这边终年白雪皑皑，荒无人烟，连鸟兽也很稀少。苏武饿了，就掘取野鼠洞里的草籽来充饥。过了些日子，单于又派人来劝苏武投降，苏武依旧斩钉截铁地拒绝了。每天，苏武一边牧羊，一边抚弄着出使的时候汉武帝亲手交给他的使节，内心深切地怀念着自己的父母之邦。日子一长，使节上的毛都脱落了，可苏武还是紧紧地攥着那根光秃秃的使节不肯撒手，连晚上睡觉都抱在胸前。就这样，苏武在荒凉严寒的北海，艰苦地度过了漫长的岁月。

汉武帝死后，汉昭帝即位，匈奴又跟汉朝进行和议。汉朝要求匈奴放苏武回来，匈奴谎称苏武已经死了。后来，汉朝又一次派使者到了匈奴。苏武的助手常惠买通监视他的匈奴兵，夜里偷偷地去见汉使，把苏武的情况详细地报告给使者，并且告诉使者向单于要回苏武的办法。

第二天，使者去见单于，提出放苏武回汉朝的要求。单于说："我们早就说过，苏武已经死了。"使者照着常惠教给他的那套办法说："你们匈奴惯会骗人，苏武明明没有死。有一天，我们皇上在上林苑里射猎，射下一只大雁，大雁脚上系着一条绸子，那是苏武写给皇上的一封信，信里说他在北海牧羊。你们怎么说他死了？”单于听使者这么说，不禁大吃一惊，只好承认自己没有说实话，并且答应使者赶快派人把苏武从北海找回来，送他回汉朝。

汉昭帝始元六年（公元前81年）的春天，苏武、常惠等九人回到了久别的首都长安，觐见了汉昭帝。汉昭帝下令为苏武准备了牛羊等祭品，叫他到先帝庙里去拜见汉武帝的灵位，把那根光秃秃的使节交还到汉武帝灵前。

苏武出使的时候，是个四十岁左右的壮年汉子，他在匈奴度过了十九年异常艰苦的岁月，回来时已经是个须发全白的老年人了。他的坚强不屈、不怕磨难、永不失节的非凡事迹轰动了朝野上下，不论是做大官的人还是普通老百姓，一提起苏武的名字，没有一个不表示钦佩的。

爱国工程师詹天佑

詹天佑是我国杰出的爱国工程师。京张铁路最早是在他的主持下修筑成功的。这是第一条完全由我国的工程技术人员设计施工的铁路干线。

京张铁路全长约200千米，是联结华北和西北的交通要道。当时，清政府刚提出修筑计划，一些帝国主义国家就出来阻挠，它们都要争夺这条铁路的修筑权，想进一步控制我国的北部。帝国主义国家互不相让，事情争执了好久也得不到解决。最后，它们提出一个条件：清政府如果用本国的工程师来修筑铁路，就不再过问。它们以为这样一要挟，就没办法动工修筑铁路，最后还得求助于它们。但帝国主义国家完全想错了，中国那时候已经有了自己的工程师，詹天佑就是其中一个。

1905年，清政府任命詹天佑为总工程师，修筑京张铁路。消息一传出来，全国都轰动了，大家说这一回咱们可争了一口气。帝国主义者却认为这是个笑话。有一家外国报纸轻蔑地说："能在南口以北修筑铁路的中国工程师还没有出生呢。”原来，从南口往北过居庸关到八达岭，一路都是高山深涧、悬崖峭壁。他们认为这样艰巨的工程，各国著名的工程师都不敢轻易尝试，至于中国人，是无论如何也完成不了的。詹天佑不怕困难，也不怕嘲笑，毅然接受了任务，马上开始勘测线路。哪里要开山，哪里要架桥，哪里要把陡坡铲平，哪里要把弯度改小，都要经过勘测，并进行周密计算。

詹天佑经常勉励工作人员说：“我们的工作首先要精密，不能有一点儿马虎，‘大概’‘差不多’这类说法不该出自工程人员之口。”他亲自带着学生和工人，扛着标杆，背着经纬仪，在峭壁上定点、测绘。塞外常常狂风怒号，黄沙满天，一不小心还有坠入深谷的危险。不管条件怎样恶劣，詹天佑都始终坚持在野外工作。白天，他攀山越岭，勘测线路；晚上，他就在油灯下绘图、计算。为了寻找一条合适的线路，他常常请教当地的农民。遇到困难，他总是想：这是中国人自己修筑的第一条铁路，一定要把它修好；否则，不但惹外国人讥笑，还会使中国的工程师失去信心。

修筑的铁路要经过很多高山，不得不开凿隧道，其中数居庸关和八达岭两个隧道的工程最艰巨。居庸关山势高、岩层厚，詹天佑决定采用从两端同时向中间凿进的办法。山顶的泉水往下渗，隧道里满是泥浆。工地上没有抽水机，詹天佑就带头挑着水桶去排水。他常常跟工人们同吃同住，不离开工地。八达岭隧道长约1 100米，是居庸关隧道的三倍长。他跟老工人们一起商量，决定采用竖井开凿法。先从山顶往下打一口竖井，再分别向两头开凿，两头也同时施工，把工期缩短了一半。铁路经过青龙桥附近，坡度特别大。火车怎样才能爬上这样的陡坡呢？詹天佑顺着山势，设计了一种“人”字形线路。北上的列车到了南口就用两个火车头，一个在前边拉，另一个在后边推。过青龙桥，列车向东北方向前进，过了“人”字形线路的岔道口就倒过来，原先推的火车头拉，原先拉的火车头推，使列车折向西北方向前进。这样一来，火车上山就容易多了。

京张铁路不满四年就全线竣工了，比原来的计划提早两年。这件事给了藐视中国的帝国主义国家一个有力的回击。今天，我们乘火车去八达岭，过青龙桥车站时，可以看到一座铜像，那就是詹天佑。许多到中国来游览的外宾，看到詹天佑留下的伟大工程都赞叹不已。

为中华之崛起而读书

周恩来从小志高，12岁就立志“为中华之崛起而读书”。故事是怎样发生的呢？

1911年年底，周恩来在沈阳东关模范学校上学。这一天，魏校长亲自为学生上修身课，题目是“立命”。当时正是中国社会发出剧烈变动的时期，孙中山领导的辛亥革命刚刚推翻了清朝政府，结束了中国两千年的封建统治。很多人，特别是年轻人，思想困惑，没有明确的理想追求，没有人生奋斗的目标。校长讲“立命”，目的就是给学生讲怎样立志。

魏校长讲到精彩处突然停顿下来，向学生提出一个问题：“请问大家，你为什么而读书？”

教室里静静的，没有一个学生回答。

“如果没有人回答，我就一个一个问了！”

魏校长走下讲台，指着前排的一名学生问：“你为什么而读书？”这个学生站起来，挺着胸脯说：“为光耀门楣而读书！”魏校长又问了第二个学生，回答是：为了明礼而读书。第三个被问的学生是一个鞋铺掌柜的儿子，他很认真地回答：“我是为了我爸而读书。”

学生们听了哄堂大笑。

魏校长对这些回答都不满意，他摇了摇头，来到周恩来面前，问道："你是为什么而读书？"

周恩来在学生中的威信很高。辛亥革命刚刚成功，他在同学中第一个剪掉了长长的辫子，这是一件很不简单的事，因为清政府规定，所有汉人男子都必须像满族男子一样留长辫子，以表示忠于清朝朝廷，不留辫子就要杀头。周恩来是第一个剪掉辫子的学生，所以，大家都很佩服他。

周恩来站起身来，教室里静悄悄的，大家都在等待他的回答。周恩来非常郑重地回答道："为中华之崛起而读书！"

"为中华之崛起而读书！"回答得多好啊！一句话，表达了周恩来从小立志振兴中华的伟大志向。

魏校长没有想到，竟然有这样出众的学生，他非常高兴，示意周恩来坐下，然后对大家说："有志者，当效周生啊！"意思是说，有志气的青年，都要向周恩来学习啊！

我是中国人（吉鸿昌）

1931年9月21日，矢志抗日的吉鸿昌将军被蒋介石逼迫下野，到国外“考察实业”。船到美国，吉鸿昌就接二连三地受到意想不到的刺激，如那里的头等旅馆不接待中国人，而对日本人奉若神明。有一次，吉鸿昌要往国内邮寄衣物，邮局职员竟说不知道中国。陪同的人对吉鸿昌说：“你说自己是日本人，就可受到礼遇。”吉鸿昌当即怒斥：“你觉得当中国人丢脸，我觉得当中国人光荣！”

有一天，吉鸿昌身穿整齐的军装，走在纽约的街道上，突然有人拦住他故意问：“你是日本人吗？”吉鸿昌斩钉截铁地说：“不，我是中国人！”对方挑衅说：“中国人是东亚病夫，不可能有这样高大魁梧的军人……”吉鸿昌异常气愤。为抗议帝国主义者对中国人的歧视，维护民族尊严，回去后，他立即做了一个约半尺长的牌子，用毛笔写上“我是中国人”几个大字，还在下边注上英文。从此，每逢上街，他都挂着牌子，昂首阔步地穿过人群，显示出一个中国人不容蔑视、维护国格的昂然气概。

孝悌忠信

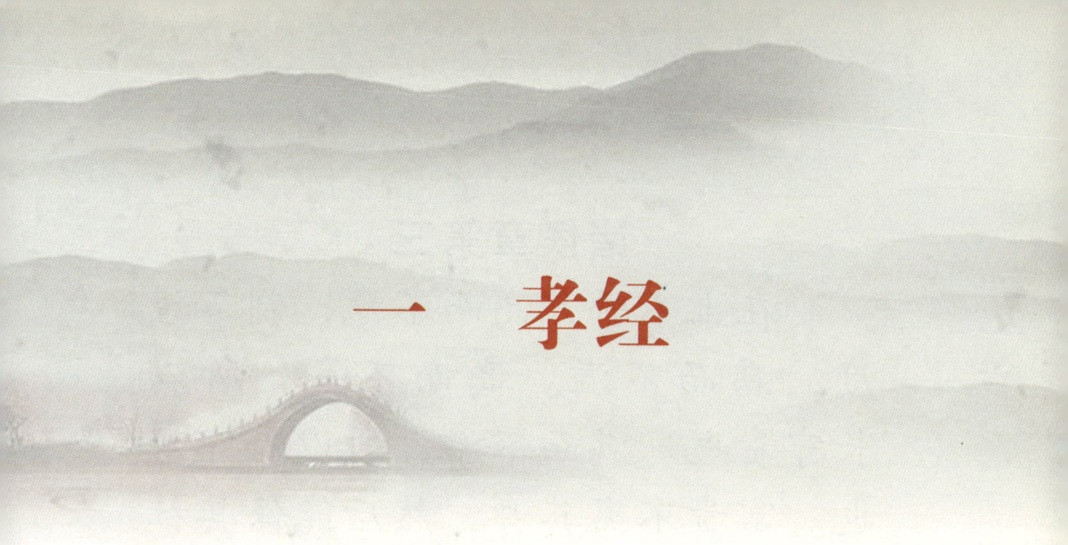

一　孝经

天子章第二

子曰：爱亲者，不敢恶于人；敬亲者，不敢慢于人。爱敬尽于事亲，而德教加于百姓，刑于四海。盖天子之孝也。《甫刑》云：“一人有庆，兆民赖之。”

诸侯章第三

在上不骄，高而不危；制节谨度，满而不溢。高而不危，所以长守贵也。满而不溢，所以长守富也。富贵不离其身，然后能保其社稷，而和其民人。盖诸侯之孝也。《诗》云：“战战兢兢，如临深渊，如履薄冰。”

士章第五

资于事父以事母，而爱同；资于事父以事君，而敬同。故母取其爱，而君取其敬，兼之者父也。故以孝事君则忠，以敬事长则顺。忠顺不失，以事其上，然后能保其禄位，而守其祭祀。盖士之孝也。《诗》云：“夙兴夜寐，无忝尔所生。”

庶人章第六

用天之道，分地之利，谨身节用，以养父母。此庶人之孝也。故自天子至于庶人，孝无终始，而患不及者，未之有也。

三才章第七

曾子曰："甚哉，孝之大也！"子曰："夫孝，天之经也，地之义也，民之行也。天地之经，而民是则之。则天之明，因地之利，以顺天下。是以其教不肃而成，其政不严而治。先王见教之可以化民也，是故先之以博爱，而民莫遗其亲；陈之以德义，而民兴行。先之以敬让，而民不争；导之以礼乐，而民和睦；示之以好恶，而民知禁。《诗》云：'赫赫师尹，民具尔瞻。'"

纪孝行章第十

子曰："孝子之事亲，居则致其敬，养则致其乐，病则致其忧，丧则致其哀，祭则致其严，五者备矣，然后能事亲。事亲者，居上不骄，为下不乱，在丑不争。居上而骄则亡，为下而乱则刑，在丑而争则兵。三者不除，虽日用三牲之养，犹为不孝也。"

二　朱柏庐治家格言

黎明即起，洒扫庭除，要内外整洁；

既昏便息，关锁门户，必亲自检点。

一粥一饭，当思来处不易；

半丝半缕，恒念物力维艰。

宜未雨而绸缪，毋临渴而掘井。

自奉必须俭约，宴客切勿留连。

器具质而洁，瓦缶胜金玉；

饮食约而精，园蔬愈珍馐。
勿营华屋，勿谋良田。
…………
祖宗虽远，祭祀不可不诚；
子孙虽愚，经书不可不读。
居身务期质朴，教子要有义方。
勿贪意外之财，勿饮过量之酒。
与肩挑贸易，毋占便宜；
见贫苦亲邻，须多温恤。
刻薄成家，理无久享；
伦常乖舛，立见消亡。
兄弟叔侄，须分多润寡；
长幼内外，宜法肃辞严。
听妇言，乖骨肉，岂是丈夫？
重资财，薄父母，不成人子。
嫁女择佳婿，毋索重聘；

娶媳求淑女，毋计厚奁。

见富贵而生谄容者，最可耻；

遇贫穷而作骄态者，贱莫甚。

居家戒争讼，讼则终凶；

处世戒多言，言多必失。

毋恃势力而凌逼孤寡，

毋贪口腹而恣杀生禽。

乖僻自是，悔误必多；

颓惰自甘，家道难成。

狎昵恶少，久必受其累；

屈志老成，急则可相依。

轻听发言，安知非人之谮诉，当忍耐三思；

因事相争，焉知非我之不是，须平心暗想。

施恩无念，受恩莫忘。

凡事当留余地，得意不宜再往。

人有喜庆，不可生妒忌心；

人有祸患，不可生欣幸心。

善欲人见，不是真善；

恶恐人知，便是大恶。

见色而起淫心，报在妻女；

匿怨而用暗箭，祸延子孙。

家门和顺，虽饔飧不继，亦有余欢；

国课早完，即囊橐无余，自得至乐。

读书志在圣贤，为官心存君国。

守分安命，顺时听天。

为人若此，庶乎近焉。

三　小故事

虞舜耕田

中华民族有五千年悠久的历史，中国是四大文明古国之一。在源远流长的历史长河中，无数古圣先贤以至德垂宪万世。在上古时代，有三位部落首领：尧、舜、禹，他们非常有名，均因德行至大而受四方举荐登上帝位。这其中，舜因至孝而感动天地，被尧帝选中为继承人，他的故事也被列为历代孝行故事之首。

尧帝十六岁称帝治理天下，到八十六岁时，希望能找到一个合适的人继承帝位。于是，他征求群臣的意见，没想到众位大臣异口同声地向他推荐一个乡下人——舜，因为此人是一个大孝子。从这里可以看出，我们的祖先把孝行放在德行的首位，一个孝顺父母的人，必定会爱护天下的百姓。

舜即位之后国号为虞，历史上称他为虞舜。

虞舜，本姓姚，名重华。父亲叫瞽瞍，是一个不明事理的人，他很顽固，对舜相当不好。舜的母亲叫握登，非常贤良，但不幸的是，她在舜小的时候就过世了。于是父亲再娶，舜的继母是一个没有妇德之人，生了弟弟象以后，父亲偏爱舜的继母和弟弟，三个人经常联合起来谋害舜。

舜对父母非常孝顺。即使在父亲、继母和弟弟都将他视为眼中钉，欲除之而后快的情况下，他也能恭敬地孝顺父母、友爱兄弟。舜竭尽全力来使家庭温馨和睦，希望与他们共享天伦之乐。虽然这其中经历了种种的艰辛曲折，但他终其一生都在为这个目标不懈地努力。

小时候，舜受到父母的责难，心中所想的第一个念头是：一定是我哪里做得不好，才会让他们生气。于是，他便更加细心地检省自己的言行，想办法让父母欢喜。如果受到弟弟的无理刁难，他不但能包容，而且认为是自己没有做出好榜样，才让弟弟的德行有所缺失。他经常深切地自责，有时甚至跑到田间号啕大哭，自问为什么不能做到尽善尽美，让父母欢喜。

人们看到舜小小年纪就能如此懂事孝顺，没有不深为感动的。

舜一片真诚的孝心，不仅感动了邻里，而且感动了天地万物。舜曾在历山这个地方耕种，与山石草木、鸟兽虫鱼相处得非常和谐，动物们都纷纷过来为他帮忙。温驯善良的大象，来到田间帮他耕田；娇小敏捷的鸟儿，成群结队，叽叽喳喳地帮他除草。人们为之惊讶、感佩，目睹德行的力量是如此巨大。尽管如此，舜仍是那样的恭顺和谦卑，他的孝行得到了很多人的赞美和传颂。不久，全国各地都知道了舜是一位大孝子。

当时，尧帝正为传位的事情操心，听到四方大臣的举荐，知道舜淳朴宽厚、谦虚谨慎，但治理天下唯有德才兼备的人才能胜任。尧帝把两个女儿——娥皇和女英嫁给他，并派了九位男子来辅佐他。尧帝希望由两个女儿来观察、考验舜对内的行持；由九位男子来考验舜对外立身处事的能力。

娥皇和女英明理贤惠，侍奉公婆至孝，操持家务、农事井然有序，不仅是舜的得力助手，也成全了舜始终不渝的孝心。有一次，瞽叟让舜上房修补屋顶。舜上去之后，想不到瞽叟就在下面放火。当大火熊熊往上燃烧，万分危险之时，只见舜两手各撑着一个大的竹笠，像大鹏鸟一样从房上从容不迫地跳下来，原来聪慧的妻子早为舜有所准备了。

又有一次，瞽叟命舜凿井。舜凿到井的深处时，瞽叟和象想把舜埋在井里，就往井里拼命倒土，以为这样舜就永远回不来了。没想到舜在二位夫人的安排下，早已在井的半腰凿了一个通道，又从容地躲过一劫。当象得意地以为舜的财产都归他所有时，猛然见到舜走了过来，大吃一惊，慌忙掩饰了一番，但舜并未露出愤怒，仍若无其事。此后，侍奉父母，对待弟弟，舜越加谨慎了。

舜初到历山耕种的时候，当地的农夫经常互相争夺田地。舜便率先礼让他人，尊老爱幼，用自己的德行来感化众人。果然，一年之后，这些农夫都大受感动，再也不互相争田争地了。

舜曾到雷泽这个地方捕鱼，看到年轻力壮的人经常占据较好的位置，孤寡老弱就没办法捕到鱼。他率先以身作则，把水深鱼多的地方让给老人家，自己则到浅滩去捕鱼。由于一片真诚，没有丝毫勉强，众人大为惭愧和感动，在短短的一年内，大家都互相礼让。

舜曾经到过陶河，此地土壤质量不佳，出产的陶器粗劣。令人惊讶的是，舜在此地治理一年后，连陶土的质量都变好了，所做出来的器皿质量相当优良。大家一致认为这是被舜的德行所感召的结果。后来，只要他所居之处，来者甚众，一年即成村落，二年成为县邑，三年就成为大城市，即史上所称的“一年成聚，二年成邑，三年成都”。

尧帝得知舜的德行后，更加赞赏，继续考验他的能力，舜也毫不畏惧接受了诸多艰难的考验。一次，尧帝让舜进入山林川泽，考验他的应变能力，虽遇暴风雷雨，但舜凭着智慧与毅力，安然无恙地回来，他的勇敢、镇定使尧帝坚信舜凭借其德行足以治理天下。

舜历经种种考验之后，尧帝并未马上将王位传给他，而是让他处理政事二十年，代理摄政八年，二十八年之后才正式把王位传给舜。这足见古代的帝王对于王位的继承确实是用心良苦，丝毫不敢大意。假如不能以仁治世、以德治国，国家就难以长治久安。

舜继承王位时，并不感到特别的欢喜，反而伤感地说：“即使我做到今天这样，父母也不喜欢我，我作为天子、帝王又有什么用？”他的这一片至德的孝行，沥血丹心，莫不令闻者感同身受、潸然泪下。皇天不负苦心人，舜的孝心孝行终于感化了他的父母，还有弟弟象。

《孟子》云：“舜，何人也？予，何人也？有为者亦若是。”舜能做到孝顺父母，我们也能。因为我们的天性中都有一颗至善、至敬、至仁、至慈的爱心。假如我们能以舜为榜样，真正尽到孝亲、顺亲的本分，必能缔造幸福美满的家庭。继而，再将孝扩大到我们周遭所有的人、事、物，任何的冲突对立都会冰释消融。这至孝的大爱孕育出的是上下无怨、民用和睦的和谐社会。

愿我们都能以身作则，相互勉励，做一个真正的孝子。

温公爱兄

司马光，字君实，谥号文正，人称司马温公。司马光一生孝顺父母、友爱兄弟、忠于朝廷。他地位显赫，德高望重，人们除了对他的德行极其推崇之外，他真诚的友爱兄弟的情怀更是流传千古。

司马光的哥哥，字伯康，名旦，兄弟两人的感情特别好。他对哥哥敬重有加，关怀备至。

温公虽然官高显贵，但照料兄长从不由仆人代劳，大小事都亲力亲为，当时伯康已八十岁了，司马光也年事已高，但侍奉兄长就如同侍奉父亲一样尽心尽力。伯康体质羸弱，消化不佳，为保康健常需少量多餐，照顾颇为费神。每次饭后不久，温公总会亲切地问哥哥："您饿了吗？要不要再吃点东西？"他时时刻刻地关注着哥哥，就如同照顾婴儿般地无微不至。

季节交替时节，气候极其不稳，老人最怕的是着凉。天气稍稍转凉，司马光就常常轻抚着兄长的背，关切地问道："衣服会不会太薄？会不会冷？"日日嘘寒问暖，兄弟之情自然流露，这是何等地温馨感人！

人的一生，和兄弟姐妹相处的时间往往超过与父母相处的时间，应该彼此相互提携照顾，正所谓“同气连枝，骨肉相连”。俗话说“一回相见一回老，能得几时为弟兄？”兄弟姐妹间真挚的亲情弥足珍贵，我们应当珍重爱惜。

温公的儿子司马康，自幼聪颖过人，勤奋好学，学识渊博，通晓经史，以严谨的治学态度和深厚的史学功底，参与了司马光《资治通鉴》的编纂工作。他也承传了父亲的孝悌家风，侍奉父母极其尽心，在母亲去世之后，悲痛至极，三天三夜滴水不进。

司马康为人恭敬谨慎，不苟言笑。在路上，人们即便不认识他，看到他温文脱俗的举止样貌，也知道他一定是司马光的儿子。深厚的学识与严谨的家风，熏陶了司马康非凡的气宇。他能如此优秀，与父亲的教诲息息相关。

温公照耀青史的伟大风范，启发和鼓舞了一代又一代的中国人。人们从他不凡的操行中，体会到了真正的忠诚爱国与骨肉的至情，也见识了一位读书人能“退则独善其身、进则兼善天下”的卓绝操守。希望我们每一个人都能身体力行，追随这种不朽的精神风范，使其世世代代绵延不绝、长盛不衰。

仲由负米

仲由是春秋时期周朝鲁国人，字子路，非常孝敬父母。他从小家境贫寒，非常节俭，经常吃野菜。仲由觉得自己吃野菜没关系，但怕父母吃野菜营养不够，身体不好，很是担心。

仲由家里没有米，他必须要走到百里之外才能买到米，再背着米赶回家里，奉养双亲。百里之外是非常远的路程，仲由不论寒风烈日，都不辞辛劳地背米，一年四季经常如此，极其不易，但他却甘之如饴。

冬天，天气非常寒冷，仲由顶着鹅毛大雪，踏着河面上的冰，一步一滑地往前走。脚和抱着米袋的双手被冻僵了，他便停下来，把手放在嘴边哈气取暖，然后继续赶路。

夏天，烈日炎炎，仲由汗流浃背，但从不停下来歇息，只为了能早点回家给父母做可口的饭菜；遇到大雨，仲由就把米袋藏在自己的衣服里，宁愿淋湿自己也不让大雨淋到米袋。

后来，仲由的父母双双过世，他便南下到了楚国。

楚王聘他当官，给他很优厚的待遇，一出门就有上百辆的马车跟随，所吃的饭菜很丰盛，每天山珍海味不断，过着富足的生活。但他并没有因为物质条件变好而感到欢喜，反而时常地感叹，他是多么希望父母能在世和他一起过好生活。可是父母已经不在了，即使他想再负米百里奉养双亲，也永远不可能了。

尽孝并不是用物质来衡量的，而是要看你对父母是不是发自内心的诚敬。我们孝养父母的时间一日一日地递减，如果不能及时行孝，会留下终身的遗憾。树欲静而风不止，子欲养而亲不待。父母健在的时候，孝养要及时，不要等到追悔莫及的时候，才思亲、痛亲之不在。

修身处世

一 《道德经》（节选）

八

上善若水。水善利万物而不争，处众人之所恶，故几于道。居善地，心善渊，与善仁，言善信，正善治，事善能，动善时。夫唯不争，故无尤。

二十二

曲则全，枉则直，洼则盈，敝则新，少则得，多则惑。是以圣人抱一，为天下式。不自见故明，不自是故彰，不自伐故有功，不自矜故长。夫唯不争，故天下莫能与之争。古之所谓“曲则全”者，岂虚言哉！诚全而归之。

二十四

企者不立，跨者不行，自见者不明，自是者不彰，自伐者无功，自矜者不长。其在道也，曰：“余食赘形。”物或恶之，故有道者不处。

二十九

将欲取天下而为之，吾见其不得已。天下神器，不可为也。为者败之，执者失之。故物或行或随，或歔或吹，或强或羸，或载或隳。是以圣人去甚，去奢，去泰。

三十六

将欲歙之，必固张之；将欲弱之，必固强之；将欲废之，必固兴之；将欲夺之，必固与之。是谓微明。柔弱胜刚强。鱼不可脱于渊，国之利器不可以示人。

四十五

大成若缺，其用不弊。大盈若冲，其用不穷。大直若屈，大巧若拙，大辩若讷。躁胜寒，静胜躁，清静为天下正。

五十四

善建者不拔，善抱者不脱，子孙以祭祀不辍。修之于身，其德乃真；修之于家，其德乃余。修之于乡，其德乃长；修之于国，其德乃丰；修之于天下，其德乃普。故以身观身，以家观家，以乡观乡，以国观国，以天下观天下。吾何以知天下然哉？以此。

七十七

天之道，其犹张弓与！高者抑之，下者举之；有余者损之，不足者补之。天之道，损有余而补不足。人之道则不然，损不足以奉有余。孰能有余以奉天下？唯有道者。是以圣人为而不恃，功成而不处，其不欲见贤。

八十一

信言不美，美言不信；善者不辩，辩者不善；知者不博，博者不知。圣人不积，既以为人，己愈有；既以与人，己愈多。天之道，利而不害。圣人之道，为而不争。

二 《菜根谭》（节选）

《菜根谭》是以处世思想为主的格言式小品文集，采用语录体，融合了儒家的中庸思想、道家的无为思想和佛家的出世思想。

1. 花看半开，酒饮微醉，此中大有佳趣。

【译文】赏花宜在含苞待放之时，饮酒之乐在于似醉非醉之态，只有这样才能体会其中的最佳情趣。

2. 世人为荣利缠缚，动曰：“尘世苦海。”

【译文】世俗凡人被功名利禄所深深困扰，动辄就说：“尘世是一个苦海。”

3. 耳根似飙谷投响，过而不留，则是非俱谢。

【译文】当狂风扫过山谷的时候，会发出巨大的声响，一旦风过之后，山谷又会归于平寂，什么也不留下。耳听他人之语如果能做到过而不留，那么人世间的是非恩怨都不会对他有所干扰。

4. 山肴不受世间灌溉，野禽不受世间豢养，其味皆香而且洌。

【译文】山间的佳肴没有经过精心的浇灌培育，野禽也没有经过世人的豢养，但它们的味道却非常香甜可口。

5. 若徒留连光景，玩弄物华，亦吾儒之口耳，释氏之顽空而已，有何佳趣？

【译文】如果仅仅是停留在欣赏表面美景，把玩物华，那就像儒家所说的虚幻不实的口耳之学，佛教所指的冥顽不化，还能有什么乐趣呢？

6.就一身了一身者，方能以万物付万物；还天下于天下者，方能出世间于世间。

【译文】能够了却自身欲念的人才能游刃有余地驾驭万物，为我所用；不为天下之事所束缚羁绊的人才能从世俗凡间超脱出来。

7.风斜雨急处，要立得脚定；花浓柳艳处，要着得眼高；路危径险处，要回得头早。

【译文】在局势动荡的时候，要站稳脚跟，坚定立场；在声色犬马的环境中，要把眼光放长远，不要沉迷于此；在形势危急的时刻，要及时收手，免遭祸患。

8. 士大夫居官，不可竿牍无节，要使人难见，以杜倖端；居乡，不可崖岸太高，要使人易见，以敦旧好。

【译文】士大夫做官，不可以无节制地接受别人的引荐，要保持清醒的头脑，以杜绝小人的投机取巧；辞官隐乡，不要自命清高，要平易近人，以增进和旧邻亲友的感情。

9. 贫可以节用，病可以保身，何忧非喜也？故达人当顺逆一视，而欣戚两忘。

【译文】贫穷可以促使人养成勤俭节约的好习惯，疾病可以使人息心养生，人们为何要为贫穷和疾病感到忧惧，而从不为此欣喜呢？所以，通达之人要用同样的心境来对待顺境和逆境，达到欣喜与悲戚悠然两忘的境界。

10. 人心多从动处失真，若一念不生，澄然静坐，云兴而悠然共逝，雨滴而冷然俱清，鸟啼而欣然有会，花落而潇然自得。何地非真境，何物无真机？

【译文】人之纯真本性的丧失大多是源于内心的躁动不安，如果没有欲念萌生的话，就能够心平气和地安然静坐，心绪随着漂浮的白云四处散漫，伴着雨滴的落下而神清气爽，听到悦耳的鸟鸣之音而心领神会，眼观得落英缤纷而怡然自乐。天地之间哪一个地方不是美妙仙境？哪一种生物不蕴含着天然生机呢？

三　小故事

韩信忍胯下之辱

公元前二世纪的秦朝，是中国历史上第一个统一的封建王朝，中国的万里长城在这个朝代初具规模。但因为皇帝的暴政，秦朝的统治仅有15年。秦末，农民起义风起云涌，出现了许多英雄人物，韩信就是其中一位有名的军事统帅。

韩信是中国古代一位著名的军事统帅，他出身贫贱，从小就失去了双亲。建立军功之前的韩信，既不会经商，又不愿种地，家里也没有什么财产，过着穷困而备受歧视的生活，常常是吃了上顿没下顿。他与当地的一个小官有些交情，于是常到这位小官家中吃饭，时间一长，小官的妻子对他很反感，便有意将吃饭的时间提前，等韩信来到时已经没饭吃了，于是韩信很生气，就与这位小官绝交了。

为了生活下去，韩信只好到当地的淮水钓鱼，有位洗衣服的老太太见他没饭吃，便把自己带的饭菜分给他，这样一连几十天，韩信很受感动，便对老太太说："总有一天我会好好报答你的。"老太太听了很生气，说："你是男子汉大丈夫，不能自己养活自己，我看你可怜才给你饭吃，谁还希望你报答我。"韩信听了很惭愧，立志要做出一番事业来。

在韩信的家乡淮阴城，有些年轻人看不起韩信，有一天，一个少年看到韩信身材高大却常佩宝剑，以为他是胆小，便在闹市里拦住韩信，说："你要是有胆量，就拔剑刺我；如果是懦夫，就从我的裤裆下钻过去。"围观的人知道这是故意羞辱韩信，都想看看韩信会怎么办。只见韩信想了好一会儿，一言不发，就从那人的裤裆下钻过去了。当时在场的人哄然大笑，认为韩信是胆小怕死、没有勇气的人。这就是后来流传下来的"胯下之辱"的故事。

其实，韩信是一个很有谋略的人。他看到当时社会正处于改朝换代之际，于是专心研究兵法，练习武艺，相信自己会有出头之日。公元前209年，全国各地反对秦朝统治的农民起义爆发了，韩信加入其中一支实力较强的军队。军队的首领就是后来成为下个朝代开国皇帝的刘邦。最初，韩信只是做了一个管押运粮草的小官，很不得志。后来，他认识了刘邦的谋士萧何，两人经常讨论时事和军事，萧何认识到韩信是一位很有才能的人，于是极力向刘邦推荐，但刘邦仍不肯重用韩信。

一天，心灰意冷的韩信悄悄离开刘邦的军队，投奔别的起义军。萧何得到他离开的消息后，也没向刘邦汇报，赶忙骑马去追韩信。刘邦得到消息后，以为是二人逃跑了。过了两天，萧何和韩信回来了，刘邦又惊又喜，责问萧何是怎么回事。萧何说："我是为您追人去了。"刘邦大惑不解："以前逃跑的将领有几十个，你都不去追，为什么单单去追韩信呢？"萧何说："以前逃跑的将领都是平庸之辈，容易得到，而韩信却是难得的奇才。如果您想争夺天下，除了韩信，您再也找不到同您计议大事的人了。"刘邦说："那就让他在你手下做个将领吧。"萧何说："让他做一般的将领，他未必肯留下来。"刘邦说："那就让他做一个军事统帅吧。"从此，韩信由一名运粮官变成了一位将军。后来他每战必胜，立下了赫赫功勋。

杨时程门立雪

宋朝的时候，有一位有学问的人，名叫杨时。他对老师十分尊敬，一向虚心好学。“程门立雪”便是他尊敬老师、刻苦求学的一个小故事。

杨时在青少年时代就非常用功，后来中了进士，他不愿做官，继续访师求教，钻研学问。当时，程颢、程颐兄弟俩是全国有名的学问家。杨时先是拜程颢为师，学到了不少知识。4年后，程颢去世了。为了继续学习，他又拜程颐为师。这时，杨时已经40岁了，但对老师还是那么谦虚、恭敬。

有一天，天空浓云密布，眼看一场大雪就要到来。午饭后，杨时为了找老师请教一个问题，约了同学游酢（zuò）一起去程颐家里。守门的人说，程颐正在睡午觉，他们不愿打扰老师的午睡，便一声不响地立在门外等着。

天空飘起了鹅毛大雪，越下越大。杨时和同学站在门外，凛冽的寒风冻得他们浑身发抖，但他们仍旧站在门外等着。

过了好长时间，程颐醒过来，这才知道杨时和游酢在门外雪地里已经等了好久，便赶快叫他们进来。这时候，门外的雪已经积得有一尺多深了。

杨时这种尊敬老师的优良品德，一直受到人们的称赞。正由于他能够尊敬师长，虚心向老师求教，学业才进步很快，后来成为一位全国知名的学者。四面八方的人都不远千里来向他求教，拜他为师，大家尊称他为“龟山先生”。

宴上挫晋使

春秋时，晋国实力雄厚，晋平公意图雄霸中原，打算从弱小的齐国下手，于是派大夫范昭出使齐国，假借访问之机探探虚实。齐景公不敢怠慢，大摆酒宴，热情款待这位上国使者。

宴会过程中，齐景公满面堆笑，频频向范昭劝酒。范昭见自己受到如此的厚待，露出得意的神色。范昭对齐景公说："请把君王的酒杯借我用一用。"齐景公马上吩咐左右侍从："把我的酒杯斟满，为上国使者敬酒。"范昭端起齐景公的酒杯一饮而尽，得意扬扬地扫视着齐国群臣。

齐国的上大夫晏子看在眼里，心里很不是滋味，暗想：你身为臣子，竟然用我国君的酒杯，这是小视我齐国，对君王不敬啊！想到这里，晏子便对侍从说："撤掉这个酒杯，再给君王换一个干净的！"范昭一看，说话的竟是个身高不足五尺、衣着朴素的上大夫。虽然晏子其貌不扬，但气宇轩昂，一看就不是等闲之辈。

这时，范昭眼珠一转，便假装喝醉了酒，起身跳起舞来。舞了几下，他对乐师说："请给我奏一曲成周之乐，大家欢乐一番。""成周之乐"是指专门供周天子用的音乐，乐师一脸严肃地说："实在是抱歉，下臣没有这个本事。"范昭看到齐国的臣子们都这么不好惹，便以酒喝多了身体不适为由，急忙离席回驿馆去了。

齐景公见上国使者难堪地离席而去，心有不安，他面带怒色地对晏子说："晋国是个大国，他们派使者和我国交往，我们好好招待还怕失礼，可你却触怒了他。如果因此引起两国的冲突，敌强我弱，我们岂不是自讨苦吃吗？"

晏子不慌不忙地答道："国君不必担忧。范昭并不是不懂礼节的人，他今天当面羞辱我国，其实是想试探一下我们的态度，因此臣给他点颜色看看。"

齐景公又问乐师："那你不给客人演奏成周的乐曲是什么原因呢？"

乐师回答说："成周的乐曲是天子使用的音乐，一定要国君舞蹈时才能演奏。范昭只是个臣子，却想在您的面前用天子使用的音乐，我当然不能给他演奏了。"

晏子和乐师的一番解释，使齐景公转怒为喜，心悦诚服。

范昭回到晋国以后，向晋平公如实汇报了他所观察到的齐国情况："臣认为现在攻打齐国是不恰当的。在齐景公的宴席上，我侮辱了他们的国君，晏子马上就识破了我的用心；我冒犯了他们的礼制，又遭到乐师的顶撞。看得出齐国现在朝政清明，法度不乱，群臣勇而有谋，我们万不可轻举妄动。"

晋平公听罢，只好放弃了征伐齐国的打算。